LE PETIT LIVRE
DE
SAINTE PROCULE

PATRONNE DE GANNAT.

Diocèse de Moulins,

Par M. l'abbé C. CORNIL.

PRÊTRE DU MÊME DIOCÈSE.

CLERMONT-FERRAND,

CHEZ AUGUSTE VEYSSET, LIBRAIRE ET ÉDITEUR,

IMPRIMEUR ET LITHOGRAPHE,

Rue de la Treille, 14.

—

1851.

LE
PETIT LIVRE
DE
SAINTE PROCULE

PATRONNE DE GANNAT,

Diocèse de Moulins,

Par M. l'abbé C. CORNIL,

PRÊTRE DU MÊME DIOCÈSE.

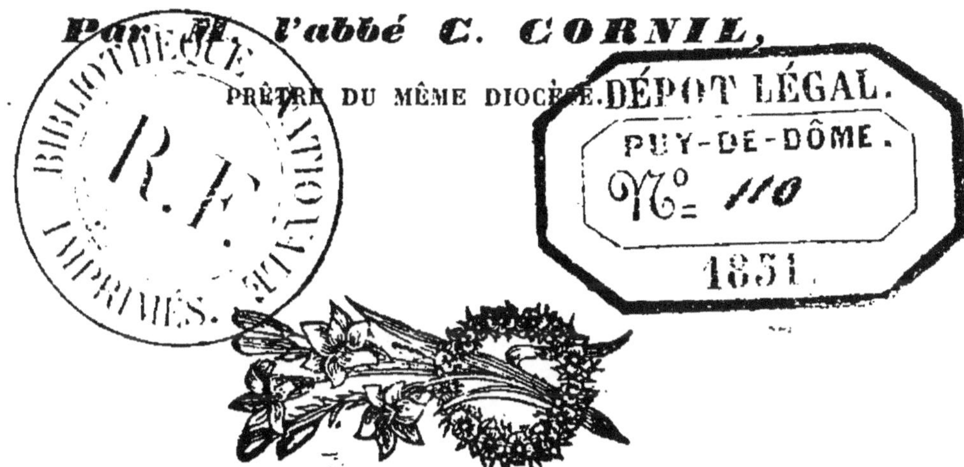

CLERMONT-FERRAND,

CHEZ AUGUSTE VEYSSET, LIBRAIRE ET ÉDITEUR,

IMPRIMEUR ET LITHOGRAPHE,

Rue de la Treille, 14.

—

1851.

Hommage

A Jésus, Marie, Joseph.

Jésus, Marie, Joseph, vous que l'on appelle avec bonheur, l'auguste et bien-aimée Trinité de la terre, permettez-nous de déposer humblement à vos pieds, le modeste travail que, sous vos auspices, nous offrons en ce jour, à la piété des fidèles.

Ce petit livre n'a d'autre mérite que de présenter sous une forme nouvelle et abrégée, la vie si touchante et si belle d'une vierge-martyre, qui vous fut toujours dévouée. En Jésus, elle voyait son époux divin, en Marie, sa bienfaitrice et sa mère, en Joseph son protecteur et son gardien.

Redire la vie de sainte Procule, exalter ses vertus et chercher à propager son culte, a été une tâche facile à notre cœur reconnaissant; mais le succès nous avait toujours paru douteux, lorsque la pensée de vous faire la dédicace et l'hommage de notre faible écrit nous a rassuré. Jésus, Marie, Joseph, daignez donc le prendre sous votre haut patronage, et lui donner, vous-mêmes, ces charmes qui attirent les cœurs, et cette onction qui les touche. — Nous avons cru faire une chose utile à la foi de nos frères, en joignant, à la vie de sainte Procule, une neuvaine de méditations et de prières. Cette neuvaine sera comme un cantique de gloire, répété en l'honneur de notre patronne, et comme un cri prolongé de détresse, au milieu des maux qui nous assiègent.

Puisse ce petit livre, fruit de notre amour filial envers sainte Procule, n'être pas trop indigne de vous être offert, ô Jésus, Marie, Joseph! puisse-t-il, parmi nous, ranimer la foi des uns, et exciter la piété des autres. C'est là notre unique désir, et ce désir pour le rendre fructueux, nous le déposons dans vos cœurs sacrés, avec la plus grande abnégation de nous-mêmes et la plus entière confiance en vos bontés.

C. C.

VIE

DE

SAINTE PROCULE,

Patronne de Gannat,

*Tirée du propre des saints de l'église Cathé-
drale de Rodez et des Ouvrages d'un docteur
de Sorbonne de la ville de Gannat.*

Vers le onzième ou le douzième siècle, naquit à Rodez, capitale du Rouergue, la glorieuse vierge et martyre dont nous allons esquisser la vie.

Fille d'un père et d'une mère, aussi distingués par leurs vertus que par leur noblesse, la jeune Procule eut le bonheur de sucer avec le lait maternel, les inclinations les plus heureuses et les sentiments les plus religieux.

A peine sortie de la première enfance, comme les âmes d'élite, elle sentit sa raison se développer tout-à-coup, et son âme s'élever au-dessus des choses de la terre.

La beauté de la religion avait déjà captivé son cœur, et Jésus, dont la divine enfance lui était chaque jour proposée pour modèle, devint le digne objet de son étude et de sa prédilection.

Méprisant donc les puériles distractions de son âge et les vaines joies du monde, elle eut le privilège d'enrichir le printems de sa vie de vertus précoces que l'on rencontre rarement, même dans un âge plus avancé.

Ce fut surtout pour elle un beau jour, que celui, où comme Marie qu'elle appelait son modèle et sa mère, elle entendit une voix intérieure qui la pressait de se donner à Dieu, et de lui faire l'entier hommage de son innocence et de sa pureté. Dès ce moment, elle renonça dans son cœur à toutes les espérances du monde, et se promit à elle-même de n'avoir jamais d'autre époux que J.-C., d'autres richesses que sa pauvreté, d'autre gloire que ses humiliations.

Cependant, le père et la mère de Procule voyaient avec bonheur grandir en âge et en sagesse l'enfant de bénédiction que Dieu leur avait donnée. « Bientôt, se disaient-ils, vont se » réaliser les espérances qu'à si juste titre nous » avons fondées sur cette unique enfant, héri- » tière si digne des vertus et des nobles traditions » de nos aïeux. »

En effet, déjà un illustre et jeune chevalier, du nom de Géraud, comte d'une province voisine, s'était présenté au comte de Rodez, père de Procule, pour en obtenir la main de sa fille.

Rien ne paraissait plus convenable. C'était cimenter, par ce mariage, une alliance indissoluble entre deux familles, également honorables et opulentes.

Présumant du consentement de leur jeune fille, le comte et la comtesse de Rodez avaient gracieusement accueilli la demande du chevalier Géraud.

Tout se préparait pour cette solennelle union, lorsque au jour fixé pour la célébration des noces, Procule, qui jusque là n'avait paru que faiblement résister à la volonté paternelle, s'arme d'un héroïque courage au souvenir du vœu qu'elle a fait dans son cœur, de n'avoir jamais d'autre époux que Jésus-Christ. Mais que faire? si jeune et si timide, comment résister aux prières, aux larmes et au désespoir d'un père et d'une mère, si tendrement aimés? Comment en un seul instant briser toutes les espérances de leur vie? Il n'y a que la fuite qui puisse mettre fin à un si terrible combat. Mais où fuir?

Agitée par ces pensées diverses, Procule se jette aux pieds de celui qui dispense à son gré le conseil et la force. Après une courte mais fervente prière, sa résolution est prise...

Au lieu d'aller à l'autel, où l'attendaient son futur époux et toute sa famille, elle dépouille ses habits somptueux, et déguisée en fille de village, elle quitte la maison paternelle et s'enfuit à travers les montagnes et les rochers. La crainte d'être surprise dans sa fuite double sa force et sa vitesse. Sans autre guide que l'ange gardien qui l'accompagne, elle traverse rapidement la province de Rouergue, s'arrête à peine en Auvergne, et arrive, sans le savoir, en Bourbonnais, au lieu précis où Dieu lui réservait avec la couronne du martyre, les hommages des générations les plus reculées.

Pendant que Procule fuyait ainsi, pour ne plus le revoir, le palais du comte, son père, les apprêts des noces se poursuivaient toujours. Déjà l'heure était venue, où, sous sa riche et brillante parure, devait paraître la jeune fiancée, qu'attendaient avec impatience tous les regards et tous les cœurs. Mais, ô surprise! étonné des longs retards de Procule, on court à ses appartements : vainement on l'appelle, on la cherche; seuls, ses riches vêtements sont restés là pour témoigner de son déguisement et de sa fuite. Dès ce moment, tout est confusion, douleur et désespoir dans le palais du comte de Rodez.

Cependant, Gérand obtient la permission de se mettre à la poursuite de la fugitive. Le temps et la distance ne seront rien pour lui, pourvu qu'il retrouve celle qui semble avoir emporté avec elle tout le bonheur de sa vie. Il part plein de courage et d'espérance. Après de longues et infructueuses recherches dans les provinces d'alentour, il arrive bien loin dans un lieu solitaire, dépendant du territoire de Gannat, en Bourbonnais. Oh! que les desseins de Dieu sont grands et impénétrables! C'est là précisément que sa main divine a conduit la jeune Procule. C'est là, sur les bords d'un ruisseau, au milieu des montagnes et des rochers, que, depuis quelque temps, elle étonne la solitude par son austérité et ses autres vertus. On dirait que Géraud la devine en ces lieux : il s'y arrête ; il interroge du regard et ce désert et ses ravins profonds ; le moindre bruit qu'il entend lui paraît être un indice de la présence de celle qu'il cherche. Enfin, des pâtres indiscrets qui se trouvent sur son passage et qu'il s'empresse d'interroger, lui révèlent que depuis peu une jeune étrangère est venue habiter cette terre déserte ; ils lui montrent l'endroit où elle reste en prières durant le jour, et le rocher sous lequel elle s'abrite pendant la nuit. « C'est elle, » se dit Géraud... C'était elle, en effet ; et bientôt Procule et son fiancé se trouvent en présence. Alors pour Procule commence une série nouvelle de luttes et de combats.

Voulant à tout prix vaincre sa résistance, Géraud commence par faire à son cœur filial un énergique appel... « Elle laisse un père et

» une mère dans le plus profond désespoir ; qui
» sera la consolation de leur vieillesse? qui fer-
» mera leurs paupières mourantes? Est-ce en
» les quittant pour jamais, que l'on se montre
» reconnaissant envers ceux qui nous ont donné
» avec le jour les soins les plus assidus et les
» plus affectueux? N'est-ce donc rien encore
» que la démarche de celui qui, pour lui prou-
» ver son estime et son amour, est venu de si
» loin la chercher dans sa solitude, et a *pro-*
» *mis* de la ramener au toit paternel. »

Le cœur de Procule comprenait tout ce qu'il
y avait de spécieux dans un pareil langage ;
mais elle se rappelait aussi que nous avons un
autre père dans les cieux, et que *celui qui, pour
lui plaire, quitte son père et sa mère de la terre,
recevra le centuple en ce monde et la vie éternelle en l'autre.* Aussi aux paroles de Géraud
oppose-t-elle ses engagements sacrés et son invariable résolution de rester l'épouse fidèle et
vierge de Jésus-Christ.

Vaincu par l'inaltérable fermeté de Procule,
Géraud sent son cœur bondir de désespoir et de
rage. Ce que l'on n'accorde pas à sa douceur,
il jure de l'obtenir par la violence. D'ailleurs
n'a-t-il pas pour lui l'autorité de la force jointe
à l'autorité paternelle que le comte de Rodez
lui a donnée sur sa fille ingrate et fugitive?
Semblable donc au vautour qui se jette sur sa

proie, Géraud, l'œil en feu et la voix frémissante, s'élance sur Procule... En présence du glaive qui brille menaçant sur sa tête, et de l'énorme rocher qui s'oppose à sa fuite, que va devenir la vierge infortunée? Mais la foi, qui *transporte les montagnes*, saura amollir les rochers sous les efforts de ses pieds et de ses mains. En effet, devant elle s'incline, pour ainsi dire, le rocher qui lui semblait une infranchissable barrière, sous ses pas les pierres fléchissent et lui servent de degrés pour atteindre la crête de la montagne, et la dérober aux brutales violences de son persécuteur.

Mais l'heure du sacrifice n'était que différée. Dieu voulait sans doute que la cité qui devait à l'avenir être protégée par la Vierge-martyre, fût arrosée de plus près de son sang vîrginal.

Vainement, donc, Procule précipite sa fuite vers la ville de Gannat où elle espère trouver secours et protection. Elle n'en est plus éloignée que de cent pas; mais déjà le redoutable Géraud l'a atteinte. Une dernière fois, il essaie de fléchir son cœur et de vaincre sa constance ; mais tout est inutile. Alors transporté de colère, le terrible Géraud saisit son épée et s'écrie : « Vous êtes, je le vois, indigne de la vie, « comme de l'honneur de mon amitié; vous « n'avez pas voulu de moi pour époux, eh bien ! « vous m'aurez pour bourreau. » A ces mots,

Procule n'a que le tems de se jeter à genoux , et de recommander, une dernière fois, son âme à son Dieu. Soudain semblable à l'éclair qui lance la foudre, le glaive de Géraud, brille au-dessus de son innocente victime, et d'un seul coup lui tranche la tête.. Ah ! c'est bien maintenant, que le palais du comte de Rodez peut retentir d'inconsolables gémissemens : « *Oui ;* « *pleurez infortunés parents, votre fille n'est* « *plus.. celui qui devait vous la ramener saine* « *et sauve, n'a plus à vous offrir que les tro-* « *phées de sa barbarie, c'est-à-dire des lam-* a *beaux pleins de sang et une épée homicide.* »

Mais la mort des saints est précieuse devant Dieu. Pour révéler de suite à toute la contrée la gloire et la sainteté de son humble mais héroïque servante, le Seigneur réunit le miracle au martyre. A peine sa tête est-elle séparée du tronc, que Procule, en qui, par la permission divine, étaient restés le mouvement et la vie , la prit entre ses mains et marcha d'un pas ferme et assuré, jusqu'à la ville de Gannat. A la vue de ce prodige, Géraud, consterné, sent le feu de la colère s'éteindre dans son âme. « Mal- « heureux ! qu'ai-je fait, s'écrie-t-il ! O mon « Dieu, j'ai versé le sang innocent ! oui, je « reconnais et déplore ma faute. » Repentant et confus, il reprit le chemin de sa patrie, et alla plus tard se renfermer dans un monastère, où, pendant sa vie tout entière, il se livra aux exercices de la plus rigoureuse pénitence. Dans l'antique et remarquable église d'Ebreuil, l'on a découvert, depuis peu, des fresques du 13me siècle, admirablement conservées, et représentant le crime *de Géraud*, *sa conversion et sa pénitence.*

Cependant, Procule qui avait traversé la ville, portant toujours sa tète entre ses mains, avait recueilli sur son passage l'insulte et la dérision de quelques impies, ignorants et grossiers. Mais *comme l'on ne se moque pas de Dieu et de sa religion impunément, et que c'est toucher à son œil que d'insulter à ses saints,* ceux qui avaient insulté à la vierge-martyre, ne tardèrent pas à recevoir les châtimens dùs à leur impiété.

Du reste, sans s'émouvoir des méchantes paroles qui lui étaient adressées, la sainte avait poursuivi sa marche, et était arrivée à l'église de Sainte-Croix, au moment où un prêtre nommé Paul y célébrait la Sainte-Messe. Là, après avoir uni son dernier sacrifice à l'auguste sacrifice de Jésus, son divin époux, elle reçoit la bénédiction du prêtre qui termine les saints mystères et se jette à ses pieds, comme pour lui demander les honneurs de la sépulture. Alors, ses mains défaillantes laissent échapper sa tête, son corps s'affaisse sur lui-même, et devant le prêtre Paul, il ne reste plus que la dépouille mortelle de cette âme angélique qui vient de s'envoler au ciel.

Les honneurs de la sépulture furent rendus à la glorieuse Vierge, avec la plus grande solennité et au milieu d'un concours nombreux de prêtres et de fidèles. Son corps fut ensuite déposé avec un religieux respect, dans un des caveaux de l'église de Sainte-Croix, et y devint bientôt l'objet de la vénération de toutes les contrées voisines. Mais ce dépôt sacré ne devait pas rester long-tems, confié à la terre. La dévotion toujours croissante des fidèles, envers Sainte-Procule, et toujours encouragée par de nouveaux miracles, voulut pour ainsi dire, avoir sous ses yeux, et toucher à son gré, les précieuses reliques de celle que l'on invoquait avec bonheur comme la protectrice et la patronne de tous. Aussi, le corps de Sainte-Procule ne tarda-t-il pas à être extrait du sein de la terre, pour être placé d'abord dans une châsse en bois, artistement travaillée, et plus tard, dans une châsse en argent, dûe aux libéralités des habitants de Gannat. Exposées dans leur châsse à la vénération des fidèles, les reliques de sainte Procule y furent religieusement conservées, jusqu'au moment où l'ouragan révolutionnaire souffla sur elles, comme sur toutes les choses saintes de cette époque lameutable, et les dispersa sans retour. Toutefois, quand après la tempête, revinrent des jours calmes et se-reins, la ville de Rodez, qui en 1673 avait obtenu de la ville de Gannat une relique *insigne* de sainte Procule, fit don, à son tour, d'un fragment de cette relique à la piété toujours subsistante de nos bons habitants. On la conserve encore de nos jours dans la chapelle de sainte Procule, et chaque année les jeunes filles de la ville, vêtues de fines robes blanches, et ceintes de cordelières couleur de pourpre, afin de rappeler par ce double symbôle, la pureté et le martyre de sainte Procule, se font un honneur de la porter en triomphe à la procession qui se fait autour de la ville de Gannat, le jour de sa fête. Cette fête primitivement fixée au 13 octobre, se célèbre maintenant dans tout le diocèse de Moulins, le 9 juillet de chaque année (1).

------

(1) A Gannat, lorsque le 9 juillet n'est point un dimanche, la fête solennelle est renvoyée au dimanche suivant.

RÉFLEXIONS

Sur la légitimité du culte public rendu à sainte Procule,

ET SUR L'ÉTABLISSEMENT DE SA FÊTE DANS LE DIOCÈSE DE MOULINS.

Si la mort des saints est précieuse devant Dieu, souvent aussi, la mémoire de leurs vertus est impérissable parmi les hommes.

Vainement, pour quelques uns, le silence des tems anciens , ou l'absence des documents primitifs voudrait jeter un voile de doute sur l'héroïsme de leurs vertus ou sur la réalité de leurs miracles : il est un livre toujours subsitant et largement ouvert à toutes leurs œuvres, dans lequel viennent se graver en caractères que le tems n'efface pas, et les prodiges qui souvent entourèrent leur berceau, et la sainteté qui accompagna leur vie, et la gloire qui couronna leur mort.

Ce livre c'est la tradition, c'est-à-dire le témoignage toujours unanime et imposant d'un peuple qui, primitivement témoin de faits extraordinaires et édifiants, en conserve les impressions et en transmet le souvenir jusqu'aux générations les plus reculées.

Toutefois, quand il s'agit de la sainteté telle qu'elle est exigée et définie par l'Eglise, quand il s'agit de prescrire, ou même de tolérer, le culte public des saints parmi les fidèles, nous savons que la tradition, si respectable qu'elle soit, ne saurait pas toujours suffire.

Mais quand au témoignage de tout un peuple, quand à la voix des fidèles se joint la voix vénérable et puissante des pontifes, quand déjà en plus d'un lieu, l'Eglise, si prudente et si sage, croit pouvoir invoquer avec confiance quelques uns de serviteurs de Dieu, et leur dresser des autels, c'est alors qu'il est permis de les honorer, non-seulement dans le secret du cœur, mais encore de travailler à répandre et à propager leur culte sur la terre.

Or, depuis plusieus siécles, la ville de Gannat s'honore de compter sur son territoire, et le désert où jadis fleurirent les vertus de sainte Procule, et la terre où son sang, répandu pour l'amour de Jésus-Christ, jeta la semence féconde de cette dévotion générale à l'auguste vierge et martyre, que huit siècles n'ont point encore affaiblie dans nos contrées. Oui, depuis que cette illustre vierge, descendue des montagnes du Rouergue, est venue cacher son innocence dans la solitude de nos rochers et des bois qui les couronnaient alors, son souvenir est toujours resté parmi nous, plein de grâce et de fraîcheur.

Aussi, chaque année, sa fête réveille-t-elle à

Gannat et dans ses environs, le plus grand en-
thousiasme, joint aux plus douces émotions.

Sans parler des honneurs publics qui lui sont
rendus par la ville et le clergé, c'est à qui,
parmi les fidèles, aura le bonheur particulier de
vénérer ses reliques, de porter ses médailles,
et de se parer pieusement des rubans ou des
vêtements bénis à son autel. C'est à qui racon-
tera les grâces et les faveurs obtenues par son
crédit si puissant devant Dieu. Des ex-voto, que
l'on voit encore à sa chapelle, témoignent de
la foi des fidèles, en sa puissance devant Dieu,
et de sa bienfaisance envers les hommes.

Sans doute, il est à regretter que les auteurs
qui, avant nous, ont traité de sa vie, tels qu'un
docteur de Sorbonne, et un très-révérend père
capucin, aient, comme nous, manqué de documents pour édifier leurs lecteurs, soit sur l'époque précise de sa naissance, soit sur le nom du
comte de Rodez son père.

Mais qu'importe au fond, l'incertitude de ces
détails de naissance et de famille, quand notre
piété pour sainte Procule a entre mains tant
d'autres titres qui établissent sa sainteté véritable et légitiment les honneurs qui, de temps
immémorial, lui ont été toujours rendus.

N'est-ce pas, en effet, de la part de l'Église,
une reconnaissance de sainteté que de permet-
tre l'exposition des reliques d'un serviteur de

Dieu, et que d'en encourager ainsi le culte parmi les fidèles?

Or, c'est ce qui a eu lieu en différentes circonstances à l'égard de sainte Procule, selon les documents que nous avons entre mains, et dont l'authenticité nous paraît garantie par nos propres recherches, soit à Gannat, soit à Rodez, les précieuses reliques de sainte Procule transférées, depuis long-temps, du lieu de sa sépulture dans une chasse en bois, avaient été publiquement exposées à la vénération des fidèles; lorsque le samedi, 24 avril 1621, suivant *permission* et *mandement* de messire Joachim d'Estaing, alors évêque de Clermont, elles furent retirées de la dite chasse en bois par le sieur Ronchaud, curé de Sainte-Croix, et placées dans une chasse d'argent, comme en *lieu plus décent* et *plus digne de la piété générale*.

Plus tard, en 1673, le bruit des nombreux miracles opérés par sainte Procule se répandit jusqu'à Rodez. Aussitôt, avec la premission de messire Gabriel de Voyer de Palmy, évêque de Rodez, MM. les prêtres et religieux de la société de St-Amand, en cette ville, cédant au vœu des habitans, délibérèrent entr'eux et convinrent de demander à MM. les prêtres et consuls de Gannat une relique *insigne* de sainte Procule. C'était le 17 juillet 1673, et le 7 du mois d'août suivant, les députés de Rodez arrivent à Gannat. Du consentement de messire Gilbert d'Arbouse, évêque de Clermont, ils reçoivent la relique *insigne* qui leur avait été promise, c'est-à-dire le *cubitus* ou l'os du bras qui se voit encore à Rodez.

Rien n'est touchant comme le récit de cette lointaine et solennelle translation des reliques de la vierge martyre. On alla processionnellement les attendre à plusieurs milles de la ville de Rodez, et on les porta en triomphe à l'église qui devait les recevoir. On voit encore dans la cathédrale de Rodez un tableau représentant le martyre de sainte procule, et dans l'église paroissiale de St-Amand, une chapelle qui lui est consacrée. Sa fête y est annuellement célébrée avec pompe et dévotion, et le diocèse entier en fait l'office.

Mais si ce n'était point assez de ce concert de suffrages, emprunté à deux provinces, (le Bourbonnais et le Rouergue) pour établir la sainteté de Procule et légitimer, sans réplique, son culte parmi nous, nous ferions valoir encore les encouragemens que le Saint-Siège a bien voulu donner lui-même à la dévotion envers cette illustre sainte. Ainsi, l'an de Notre-Seigneur 1493, le 20 du mois de mai, est intervenu un bref apostolique, accordant à perpétuité une indulgence de 100 jours à chacun des fidèles de l'un et de l'autre sexe, qui, vraiment pénitent et confessé, visitera l'église de sainte Procule au jour de sa fête, ainsi qu'aux fêtes de l'exaltation de Sainte-Croix, de saint Etienne premier martyr, et du lundi de Pâques.

En présence de toutes ces preuves, qui établissent, d'une manière si évidente, la sainteté de notre auguste patronne, qui pourrait lui refuser l'hommage de sa vénération et de son culte?

Du reste, les circonstances de sa vie et de sa mort; sa vie si pure, qui tout entière s'exhale dans le sacrifice et l'amour divin; son sang répandu pour sauver son innocence, tout ne proclame-t-il pas sa sainteté, son triomphe et sa gloire dans les cieux?

Aussi touché par ces divers motifs, et de concert avec messieurs les chanoines et chapître de sa cathédrale, monseigneur Antoine de Pons, de paternelle et vénérable mémoire, premier évêque de Moulins, ordonna-t-il, en l'an 1846, qu'à l'avenir la fête de sainte Procule fût célébrée dans tout son diocèse, le 9 juillet de chaque année.

Puissent les réflexions que nous venons de faire sur le culte rendu à sainte Procule, être pour cette grande sainte, une preuve nouvelle de notre dévoûment filial, et pour nos lecteurs, un moyen de plus, pour affermir leur foi et accroître leur piété envers leur digne et puissante patronne ! C'est le vœu que nous aimons à former, et que nous déposons avec bonheur aux pieds de la Vierge-martyre.   C. C.

NEUVAINE

EN L'HONNEUR

De Sainte Procule.

Avertissement :

1° Une neuvaine est une série de prières et de pieuses réflexions, continuées pendant neuf jours, en l'honneur de quelque saint, pour obtenir de Dieu quelque grâce par son intercession.

Pourquoi des prières répétées pendant neuf jours? pourquoi ce nombre de jours? Dans l'Eglise chrétienne, répond Bergier, le nombre de trois est devenu sacré, parce qu'il est relatif aux trois personnes de la Trinité... Par la même raison le nonbre de neuf ou trois fois trois, est devenu significatif et sacré.

Ne pourrions-nous pas ajouter que les neuf jours de prières sur la terre rappellent les neuf chœurs des anges, dans le ciel ?

2° Pour bien faire une neuvaine, il faut se pénétrer d'un grand esprit de foi et de piété; lire attentivement les trois points de la méditation; à chaque point, faire un retour sur soi-même, pendant quelques instants; se rappeler souvent la résolution que l'on a prise, et terminer ces neuf jours de prières par la confession et par la communion.

PRIÈRES

Pour tous les jours de la Neuvaine, avant la lecture de la méditation.

Au nom du Père, du Fils et du Saint-Esprit, ainsi soit-il !

Venez, Esprit saint, remplissez les cœurs de vos fidèles, et allumez en eux, le feu de votre amour.

Envoyez votre Esprit et tout sera créé, et vous renouvellerez la face de la terre.

Oraison.

O Dieu, qui avez éclairé les cœurs des fidéles en y répandant les lumières du Saint-Esprit, donnez-nous par le même Esprit, le goût de la sagesse et de la vertu ; faites-nous toujours jouir de ses divines consolations, par Jésus-Christ, notre Seigneur. Ainsi-soit-il !

Je vous salue, sainte Procule, pleine d'innocence et de vertus;

Le Seigneur est avec vous ; vous êtes bénie par-dessus toutes vos compagnes, et Jésus, l'époux de votre âme est beni.

Sainte Procule, épouse de Jésus-Christ, priez pour nous, pauvres pécheurs, maintenant et à l'heure de notre mort. Ainsi soit-il !

MÉDITATION POUR LE Ier JOUR.

Naissance de sainte Procule.

Iᵒ Il y eut, à la naissance de sainte Procule, une grande joie dans le palais du comte de Rodez.

C'était l'unique enfaut, accordée par le ciel, aux ferventes prières d'une mère chrétienne et vertueuse.

C'était l'unique rejeton d'une tige illustre et ancienne. Aussi avec quels transports sa mère ne dut-elle pas sourire pour la première fois, à l'ange qui lui était enfin donné?

Avec quel bonheur, son père ne dût-il pas s'incliner sur son petit berceau, pour la contempler et la bénir?

Déjà peut-être faisait-il dans son cœur, à cette enfant d'un jour, l'hommage de son antique gloire et de ses vastes possessions. Oui, déjà de sa main paternelle il tressait pour cette enfant chérie, cette couronne de joies et d'espérances que l'on dépose si volontiers sur un berceau.

Hélas! toujours, on la croit, cette couronne éphémère, durable comme le tems, et l'on ne voit pas que, souvent, les évenements et la mort se précipitent pour la flétrir et l'anéantir à jamais.

Combien de jeunes enfants sont moissonnés à leur aurore ! Combien à leur naissance devaient être riches des biens de ce monde, et n'ont recueilli plus tard qu'un patrimoine douloureux de labeurs et de souffrances? Ah ! c'est que tout est vanité sur la terre qui nous porte. Pourquoi donc y fixer nos espérances et nos cœurs? Pourquoi ne pas nous rappeler souvent qu'ici-bas *tout est vanité*, excepté *aimer Dieu et le servir*?

2° A la naissance de Procule, il y eut au ciel une grande joie.

Mais que les jugements des hommes sont différents des jugements de Dieu ! La famille de Procule applaudissait à son heureuse naissance, en voyant se lever sur elle avec l'aurore de la vie, l'éclat des plus belles destinées humaines.

Et Dieu qui l'avait nommée avant sa naissance, qui l'avait destinée à être un vase d'élection et d'innocence, appelait aussi la cour céleste à se réjouir, mais à puiser sa joie dans des motifs bien supérieurs à tous les motifs humains.

Que pensez-vous que sera cette enfant, se demandaient sans doute les anges et les saints? et du sein de Dieu s'échappait un rayon de lumière, qui réfléchissait à leurs regards, les vertus, les sacrifices et le martyre de Procule.

Elle sera donc, cette enfant, l'honneur de sa

famille, le modèle de ses compagnes et la chaste épouse de Jésus-Christ. Sa mémoire sera précieuse devant Dieu et devant les hommes ; et l'on verra deux cités fières et heureuses, l'une (Rodez) de lui avoir donné le jour, et l'autre (Gannat) d'avoir reçu son dernier soupir. Et les anges du ciel s'inclinaient avec respect sur son berceau, et bénissaient Dieu d'avoir mis sur la terre une créature appelée à tant de vertus pendant sa vie, et à tant de gloire après sa sa mort.

3° Comme sainte Procule, quand nous sommes venus au monde, nous avons, sans nul doute réjoui notre famille tout entière. C'était un frère ou une sœur, qui venait prendre place au foyer domestique. Nous avons été les bienvenus, même dans ces familles nombreuses et bénies, qui sont comme une couronne de frères, tressée par la douce harmonie des membres qui la composent.

Mais le ciel s'est-il réjoui ? a-t-il vu en nous l'enfant qui devait grandir, plein de sagesse et d'innocence ? En veillant sur notre berceau, notre ange gardien a-t-il pu dire : « Oui, cet » enfant sera un jour la gloire et la bénédiction » de sa famille. Oui, jusqu'à l'âge le plus avancé, » il restera fidèle au Dieu, si bon, de son en- » fance et de sa jeunesse. Chrétien par son bap- » tême, il vivra en chrétien et mourra en » saint. »

2

Prière.

O mon Dieu, nous sommes bien obligés de le reconnaître : Non, nous n'avons point réjoui votre cœur au jour de notre naissance : Hélas! à toutes vos bontés, nous devions plus tard répondre par mille ingratitudes.

Pardon, Seigneur, pour toutes nos infidélités! En présence du berceau de sainte Procule, nous voulons prendre une naissance nouvelle, expier nos fautes par lapénitence, et rentrer dans le chemin de la vertu, afin que nous puissions désormais, être pour nos frères un sujet d'édification, et pour vous et vos anges, un sujet de gloire et de joie. Ainsi soit-il!

Sainte Procule, qui avez sacrifié votre vie, pour sauver votre innocence, priez pour nous qui avons recours à vous. Ainsi soit-il!

Résolution :

Renoncer, comme au jour du baptême, au démon, à ses pompes et à ses œuvres.

MEDITATION POUR LE IIe JOUR.

La première lueur de la raison de sainte Procule, ou sa première consécration à Dieu.

1° Procule grandit..., sa jeune intelligence, comme la fleur du matin, commence à s'épanouir. Hélas! pour un grand nombre, la première lueur de la raison est un premier élan vers le mal.

Mais pour Procule, il n'en est point ainsi. Sa première raison est une lumière céleste, qu éclaire son esprit ; c'est un rayon d'amour divin, qui embrase son cœur.

Tout-à-coup, sans les avoir goûtées, elle comprend le néant des vanités du monde, et le bonheur d'une âme vraiment chrétienne.

Déjà elle a entendu cette voix de Dieu que tant d'autres refusent d'écouter : « Venez à » moi... Entrez dans mon alliance et un jour » vous serez couronné. »

Docile à cette voix, Procule renonce, dans son cœur, à toute espérance mondaine, et se consacre tout entière à son Dieu.

2° Epouse si pure et si jeune de Jésus-Christ, Procule, à l'exemple de son divin époux, croissait en âge et en sagesse devant Dieu et devant les hommes. Déjà dans un âge si tendre, se révélait en elle avec l'amour de la vertu, un attrait secret et précoce pour la mortification. Aussi, dédaignant les puériles amusements de l'enfance, il était beau de la voir se dérober aux mille distractions qui lui étaient offertes, pour aller se prosterner aux pieds de celui qui souffrit et mourut pour nous. Combien de fois encore, ne la surprit-on pas s'exerçant au jeûne et aux privations? Ah! c'est qu'elle avait compris que la mortification doit être la compagne et la gardienne de la pureté; c'est que, de son côté, Dieu la préparait de bonne heure à cette héroïque mortification de Jésus-Christ, qu'elle devait toujours porter en elle, et qui, plus tard, devait éclater si merveilleusement dans son désert et lui préparer la double couronne de l'innocence et du martyre.

3° Considérons si la première lueur de notre raison nous a fait, comme à sainte Procule, entrevoir Dieu, sa beauté, ses magnificences et ses grandeurs.

Dieu a-t-il eu les prémices de nos pensées et de notre amour? L'idée du mal n'a-t-elle pas dévancé en nous l'idée du bien? Le premier soupir de nos cœurs a-t-il été un soupir d'amour pour Dieu? Devant ce Dieu trois fois saint, avons-nous conservé notre innocence première? A mesure que nous avons grandi, nous sommes-nous détachés de plus en plus des créatures, pour nous unir davantage au créateur? Avons-nous fait de la mortification un bouclier à notre innocence?

Prière.

O mon Dieu, quand par la pensée nous revenons à l'heure de notre raison naissante, nous confessons humblement que, dès ce moment, nous avons fait erreur dans le chemin de la vie.

Au lieu d'aller à vous, nous sommes allés à votre ennemi et au nôtre, c'est-à-dire, au péché. Non, mon Dieu, vous n'avez pas eu les prémices de notre amour. Cependant, vous êtes le Dieu de tous les âges : c'est vous surtout qui réjouissez le cœur de l'enfance et de la jeunesse. Nous nous humilions donc devant vous ; nous déplorons notre fatal aveuglement ; nous reconnaissons que seul vous êtes la voie, la vérité et la vie, et qu'à vous seul appartient l'hommage de nos cœurs. Daignez donc les accepter ces cœurs humiliés et contrits, afin qu'ils soient à vous, à vous dans le temps, à vous dans l'éternité. Ainsi soit-il.

Sainte Procule, qui avez sacrifié votre vie pour sauver votre innocence, priez pour nous qui avons recours à vous ! Ainsi soit-il.

RÉSOLUTION.

Faire souvent des actes de Foi, d'Espérance et de Charité.

MÉDITATION POUR LE IIIe JOUR.

Education chrétienne de sainte Procule.

I°. Voyez cette jeune enfant, pieusement à genoux auprès de sa mère de la terre, joindre ses mains délicates et pures, et prier avec ferveur devant l'image de Marie, son autre mère du ciel.

Que demande-t-elle à Dieu et à Marie? Est-ce la beauté? Mais elle sait déjà que c'est là une fleur que les premiers feux du jour décolorent, et qui porte avec elle un poison dangereux, quand elle n'est point nourrie par la sève de la vertu.

Sont-ce les charmes de l'esprit? Mais on lui a enseigné encore que le plus bel esprit, quand il ne dirige pas ses pensées vers Dieu, et qu'il ne prend pas son essor vers le ciel, se surprend souvent à se traîner dans la poussière et quelquefois dans la fange.

Enfin, sont-ce les honneurs et les richesses? Mais que sont pour Procule ces frivoles avantages? N'est-il pas vrai que les richesses et les honneurs sont des appas dangereux qui nous éblouissent, nous trompent, et tôt ou tard nous abandonnent?

Quelle grâce sollicite donc la jeune vierge dans ses prières, si multipliées et si ferventes?

Apprenez-le, jeunes enfants; apprenez-le surtout, jeunes personnes : elle demande à Dieu cette sagesse que Salomon préférait à tous les biens de la terre; elle demande cette pureté virginale, dont la grâce et la fraîcheur embellissent si délicieusement le front et le cœur qui la possèdent; enfin, elle demande à Dieu cette piété douce et aimable, qui fait trouver au chrétien le joug du Seigneur si suave et son fardeau si léger.

Est-ce là ce que nous demandons à Dieu dans nos prières de chaque jour?

Et nos prières, comme celles de Procule, sont-elles faites avec cette foi, cette piété et cette persévérance, dont le triple concours n'est jamais sans succès devant Dieu?

2º. Modèle des mères chrétiennes, la comtesse de Rodez, au lieu d'élever sa jeune enfant, pour la poser en idole dans le monde, ne cherchait qu'à la former à la piété et à la vertu.

Sans doute qu'elle ignorait le haut degré de sainteté auquel devait un jour parvenir cette enfant de bénédiction.

Sans doute qu'elle ignorait le sacrifice que Dieu demanderait plus tard à son cœur maternel, en la privant de sa fille chérie, en renversant d'un seul coup les espérances et les projets fondés sur cette unique héritière d'un nom illustre et d'une fortune considérable.

Mais en l'élevant pour la laisser dans le monde, elle voulait qu'elle édifiât le monde par les qualités de son esprit et les vertus de son cœur. Aussi ne négligeait-elle rien pour embellir son âme, l'élever et la fortifier.

C'est qu'en véritable mère, elle avait pris au sérieux les grands devoirs de la maternité; c'est qu'elle avait compris qu'elle devait à sa fille la vie de l'intelligence et du cœur, la vie de l'âme en un mot, bien mieux encore que la vie matérielle du corps; c'est qu'enfin elle savait que l'éducation chrétienne est le fondement de tout bien, que sans cette base, tous les autres avantages, après nous avoir quelque temps caressés, finissent par nous ouvrir la porte des grandes afflictions, des noirs chagrins, des violentes discordes et des regrets les plus amers, quand ils ne sont pas des plus humiliants.

Que l'on regarde ce qui se passe dans le monde, et que l'on juge!

D'ailleurs, sans une éducation profondément chrétienne, comment résister aux orages de l'âge et des passions? Comment se relever après une chute fatale? Ah! c'est bien ici que l'honneur humain, ce *grand mot*, si souvent répété, et toujours si vide de sens, quand il n'a pas la religion pour point d'appui: c'est bien ici que cet honneur humain est obligé d'avouer son impuissance; non, seul il ne peut rien pour nous maintenir dans le chemin de la vertu, ou pour nous y ramener, lorsque nous nous en sommes éloignés.

La mère de Procule avait sagement compris toutes ces vérités. Pourquoi, de nos jours, tant d'autres mères semblent-elles les oublier?

3°. Cultivée par des mains si habiles, chaque jour, l'âme de Procule s'ouvrait de plus en

plus aux grandes pensées et aux nobles inspirations de la foi. Les pieux conseils de sa mère,
saintement puisés aux sources si pures de
l'Evangile, elle les recueillait avec bonheur, et
en faisait la nourriture de son esprit et de son
cœur. Ah! combien de fois surtout n'a-t-elle
pas médité avec elle cette parole que nous ne
saurions trop répéter à l'enfance : « *Heureux*
» *ceux qui ont le cœur pur, parce qu'ils verront*
» *Dieu... Heureux ceux qui, dès l'aurore,*
» *vont à Jésus, parce qu'ils le trouveront...*
» *Heureux ceux qui portent son joug dans leur*
» *enfance, parce que ce joug leur sera doux et*
» *léger jusque dans leur vieillesse !* »

Prière.

Nous vous remercions, Seigneur, de l'éducation chrétienne que nous avons puisée au
sein de nos familles. A combien d'autres cette
faveur n'a-t-elle pas été refusée! Mais quel
usage en avons-nous fait jusqu'à ce jour? Où
sont nos vertus? Où sont nos bonnes œuvres.

O mon Dieu! voici au moins notre repentir;
nous le déposons humblement à vos pieds.

Désormais nous voulons, comme sainte Procule, mettre à profit les principes religieux de
notre enfance, nous voulons les faire grandir
avec nous, afin que, développés et fortifiés par
le souffle de votre divin esprit, ils nous éclai-

rent dans le doute, nous soutiennent dans le danger, et nous dirigent toujours vers votre éternelle lumière. Ainsi soit-il.

Sainte Procule, qui avez sacrifié votre vie pour sauver votre innocence, priez pour nous qui avons recours à vous. Ainsi soit-il.

RÉSOLUTION.

S'instruire soi-même et instruire l'enfance des vérités de la religion. Pour cela, lire plusieurs fois dans l'année le catéchisme et quelques autres livres de piété, surtout l'Évangile et l'Imitation de Jésus-Christ.

MÉDITATION POUR LE IVe JOUR.

Première communion de sainte Procule.

1°. Le grand jour approche ! Sainte Procule, qui déjà avait choisi le Seigneur pour partage, méritait de consommer son alliance avec lui, en recevant pour la première fois ce Dieu qui fait ses délices d'habiter parmi les enfants des hommes. Aussi bien, tout était prêt pour ce jour si désiré et si solennel. L'esprit de Procule connaissait les vérités de la religion, son cœur en aimait les pratiques ; sa douce piété s'unissait à sa pureté angélique pour appeler Jésus-Christ dans son âme.

Sans doute, son humilité profonde lui cachait

à elle-même l'éclat de ses vertus ; en présence d'une action si sainte et si grande , sa raison et sa foi s'effrayaient dans la crainte de ne point offrir à Jésus un cœur assez fervent et assez pur. Mais l'ange de l'espérance était là pour tempérer ces pieuses alarmes , et les remplacer dans le cœur de Procule par la confiance et l'amour. N'était-ce point d'ailleurs l'Agneau de Dieu qu'elle allait recevoir? Et cet Agneau, si grand dans son immolation sur la croix, mais si doux et si aimant dans le sacrement de l'autel, ne vient point pour frapper, mais pour pardonner et bénir. Aussi, déposant toute crainte, Procule, à l'approche de son divin Epoux, s'abandonne sans réserve aux pures émotions de son âme et aux délicieux transports de la confiance et de l'amour.

2° Le tabernacle s'est ouvert ! Jésus-Christ s'est donné tout entier à la Vierge humble et fidèle, qui, dès l'âge le plus tendre, s'est consacrée à lui sans partage. Quel bonheur pour Procule de posséder enfin celui qu'appelaient tous ses vœux ! et pour Jésus, quelles délices de reposer dans un cœur, si généreux et si pur !

A ce moment, n'en doutons pas, fut scellée une alliance éternelle entre Jésus et la Vierge Procule. Unie à son divin époux pour la première fois, Procule dans sa reconnaissance défie, comme l'apôtre, toutes les créatures de pouvoir jamais l'en séparer. Viennent plus tard les persécutions, la faim, la soif et même la mort ; rien ne pourra l'ébranler. Ainsi se fortifiait par sa première communion, cette âme déjà si généreuse et si sainte ; ainsi s'exhalait en soupirs d'amour, ce cœur si plein de foi et de bonheur.

Dans son adoration profonde, comme Marie, sœur de Marthe, tantôt Procule se tenait aux pieds de Jésus dans une muette et ravissante contemplation ; tantôt, elle donnait un libre cours à ses larmes de joie et aux accens d'une touchante prière. Oh ! comme elle priait, surtout pour la mère chrétienne, qui l'avait préparée à ce beau jour !....... Et son père, ce noble et valeureux comte de Rodez, son père, pouvait-elle l'oublier, dans ce moment de grâce et de salut, où la prière d'un premier communiant est toute puissante devant Dieu ? Oh ! non, elle ne l'oubliera point : elle demande et obtient, pour lui, la résignation dans l'épreuve, la générosité dans le sacrifice, la vie du chrétien et la mort du juste.

Pourquoi donc au jour de notre première communion, et dans les communions qui l'ont suivi, n'avons-nous point prié pour nos parens, nos pasteurs et nos amis ? C'est toujours un devoir de charité, et quelquefois une obligation de justice.

3º Celui, dit Jésus-Christ, *qui mange ma chair et qui boit mon sang, demeure en moi, et moi en lui, et je le ressusciterai au dernier jour ; et il aura la vie éternelle.* Mais prenons-y bien garde! pour entrer dans le sens véritable de ces paroles, et pour que cette nourriture divine nous enfante à la vie éternelle, il ne suffit pas de communier une première fois dans notre enfance, et une dernière fois au moment de notre mort. Certes, ce n'est point là satisfaire au précepte de Jésus-Christ ; c'est bien plutôt se vouer à une abstinence fatale, et provoquer dans notre âme un dépérissement presque toujours mortel. Que sont deux communions aux deux extrêmes de la vie, alors que Jésus-Christ nous convie souvent à son divin banquet et que l'église, interprète infaillible de sa divine volonté, nous fait un *rigoureux* devoir de nous y asseoir *au moins une fois,* chaque année?

Aussi, après sa première communion, Procule se faisait-elle un devoir et un bonheur de se présenter souvent à la table sainte pour y recevoir dans l'humanité et la divinité de Jésus, *ce froment des élus et ce vin délicieux qui fait germer les Vierges.*

Prière

O mon Dieu, nous avons bien mal compris, jusqu'à ce jour, le don précieux que vous nous faites de tout vous-même, dans la sainte communion. Au lieu d'aller à vous dans ce sacrement d'amour, souvent, hélas! nous nous en sommes éloignés.

L'indifférence d'une part, le respect humain de l'autre, et trop souvent de funestes penchants, nous ont fait déserter la table sainte ; faute de nourriture, nous avons laissé notre âme languir, s'épuiser et mourir. Ressuscitez-la, Seigneur, cette âme infortunée, ramenez-la aux pieds de vos autels. Faites-lui comprendre que sa foi, sa force et sa vie ne se réparent que dans la communion ; que c'est par la communion surtout, que nous sommes chrétiens, que nous en opérons les œuvres et que nous en méritons les récompenses. Ainsi soit-il !

Sainte Procule, qui avez sacrifié votre vie pour sauver votre innocence, priez pour nous qui avons recours à vous. Ainsi soit-il !

Résolution.

Communier tous les mois, ou au moins à toutes les grandes fêtes.

MÉDITATION POUR LE V⁰ JOUR.

La vie sainte et cachée de sainte Procule.

1° Le pélerin qui visite le désert où sainte Procule était venue cacher son innocence, a dû rencontrer souvent, au milieu de la mousse qui revêt les rochers ou du gazon qui les tapisse, de modestes fleurs, qui ne révèlent leur obscure existence que par le suave parfum pu'elles exhalent autour d'elles.

Telle est l'image de la vie sainte et cachée que menait sainte Procule, au milieu des splendeurs du palais de son père. Au lieu de chercher à y briller par l'éclat de son rang, de son esprit et de sa beauté ; au lieu d'y prendre place parmi les nobles et grandes dames, Procule, toujours modeste, comme l'humble violette de son futur désert, recherche le silence et la solitude. C'est dans le lieu le plus reculé du palais, qu'elle se plait à se retirer pour adorer Dieu, le prier et le bénir. Elle avait compris que l'esprit est prompt à s'étourdir dans le tumulte du monde, que l'élément religieux s'y évapore, et que les vertus les plus solides s'y laissent peu à peu surprendre et amollir. Le monde est comme le serpent qui se voile à notre approche, et qui nous lance ses traits et son venin en se dissimulant sous les fleurs.

2° Qu'il est admirable et digne de notre imitation, l'exemple que sainte Procule nous donne dans sa vie sainte et cachée !

Nous recherchons le monde, nous, et Procule le fuit : elle le fuit, parceque *celui qui aime le danger, tôt ou tard y périt.*

N'en avons-nous pas fait, souvent, la funeste

expérience? n'avons-nous pas remarqué qu'il est certain péril, que nous ne pouvons jamais braver, sans y éprouver quelque défaite.

Quel est, en effet, l'insensé qui pourrait se jouer au milieu d'un feu ardent, sans y laisser quelque portion de son être?

Or, il est un feu dans le monde qui s'allume, et s'entretient par toutes ces vanités que l'on recherche avec tant d'ardeur et que l'on appelle *bals, spectacles, réunions et amusemens de la jeunesse....* Ce feu est pour nous, d'autant plus dangereux, que, souvent, il nous brûle sans que nous nous en apercevions. Peut-être n'en sommes-nous pas toujours entièrement consumés; mais toujours, nous laissons dans sa flamme quelque chose de nous-mêmes : C'est-à-dire un regard, une pensée, une parole, une affection, un *je ne sais quoi de vague,* qui trouble notre piété, qui ébranle notre vertu, et qui engendre le malaise, le vertige et la tristesse dans nos cœurs.

Sainte Procule avait deviné le piège, et saintement prudente, elle l'évitait sans ostentation, comme sans faiblesse. Se montrant peu aux regards brûlants du monde, elle vivait, retirée dans le sanctuaire de son âme, y abritant sous l'œil tutélaire de Dieu, ses vertus déjà acquises, et son désir d'en acquérir de plus nombreuses encore.

3° Ainsi croissait la jeune Vierge, loin du monde et de ses dangers ; ainsi chaque jour, se fortifiait en elle sa résolution d'être à Dieu, de *l'aimer de toute son âme* et de *ne servir que lui seul.*

Et nous, à mesure que notre âge et nos relations *sociales* nous ont fait connaître davantage le monde, avons-nous eu soin de nous en défier? avons-nous fui ses dangers connus, ses maximes coupables et ses vanités séduisantes? ..... Avons-nous pensé, comme Procule, que la fleur est bientôt desséchée sous les rayons d'un soleil brûlant, et que la vertu la plus solide ne tarde pas à s'énerver dans l'atmosphère ardente des plaisirs mondains?..... Nos parents, par une trop déplorable condescendance, ne nous ont-ils pas eux-mêmes lancés dans le monde à cet âge bien tendre encore où l'inexpérience du cœur et le réveil des passions n'ont pu que nous préparer des écueils et des naufrages sur une mer attrayante et inconnue?

Dès lors, comme les insensés dont parle l'écriture, n'avons-nous pas cédé aux premiers enchantements de ce monde et de ses folles joies? à notre tour n'avons-nous pas dit : *couronnons nos fronts de roses, hâtons-nous de jouir du printems de la vie; car, demain les fleurs en seront passées.*

Et l'on nous a vus, ardents au plaisir, oublier

nos devoirs envers Dieu, négliger notre religion, et, d'un même trait, effacer de nos cœurs et l'amour de Dieu et l'amour de nos parents, amours sacrés qui naguère remplissaient nos cœurs, et qui cèdent tristement la place à des affections toujours puériles, ridicules et trop souvent coupables.

PRIÈRE.

Seigneur, devant vous à qui rien n'est caché, nous confessons humblement notre faute : oui, nous avons déserté votre autel, pour aller porter notre encens aux autels du monde. Nous avons quitté les eaux pures de votre religion, pour les sources fangeuses et empoisonnées du siècle. Insensés ! nous croyions y trouver le repos, le bonheur et la vie ; et voici que nous n'y avons rencontré que le trouble, la désolation et la mort.

Seigneur, que le cri de notre détresse s'élève jusqu'à vous ; rendez-nous, avec l'innocence de notre premier âge, les consolations et les joies de la vertu. Dès ce moment, nous prenons l'engagement de fuir le monde. de mépriser ses maximes et de nous tenir en garde contre ses nombreux dangers.

Sainte procule, qui avez sacrifié votre vie pour sauver votre innocence, priez pour nous, qui avons recours à vous !

Résolution.

Fuir les bals, les spectacles, les mauvaises compagnies et les lectures dangereuses

---

MÉDITATION POUT LE 6ᵉ JOUR.

La vocation de sainte Procule.

1° Il est une voix intérieure qui, à diverses époques de notre, vie et surtout dans l'âge de l'innocence, se fait entendre au fond de nos cœurs, et qui nous dit : « *De même que le soleil* » *et les astres ont leur place particulière au* » *firmament, de même tu as ta place mar*s » *quée sur la terre. Dans le monde ou dans* » *la religion, tel état, telle profession, tel* » *ordre te réclame, C'est là que Dieu t'accor-* » *dera sa grâce avec plus d'abondance, et* » *que l'œuvre de ton salut te deviendra plus* « *douce et plus facile. Enfin, voilà ta vo-* » *cation.* »

Cette voix que l'on ne saurait entendre au sein de l'agitation du monde, où sans cesse retentit le choc des passions les plus contraires et les plus bruyantes, sainte Procule, au milieu de son recueillement habituel, l'entendit dans toute sa plénitude, en comprit la portée et se hâta d'y correspondre. Sans doute, aux yeux du monde, sa vocation était des plus étonnantes.

De nos jours, elle aurait scandalisé la vaine prudence et la fausse piété de ces chrétiens indifférents qui excluent de la religion tout ce qui contrarie leurs projets et demande un sacrifice. On aurait crié à l'illusion et au fanatisme... Comment ! une fille unique quitter son père et sa mère, une riche héritière abandonner une immense fortune pour aller s'ensevelir dans le silence et la pauvreté du désert ! Mais au point de vue humain, n'y a-t-il pas là cruauté et folie ? C'est ainsi que, parfois, raisonnent nos parents et nos amis, quand nous voulons suivre la vocation que Dieu est libre de donner à chacun de nous.

Mais Procule ne se laisse point arrêter par tous ces calculs de la sagesse humaine. A l'avance, elle a entendu retentir dans son cœur, le double écho de la douleur d'un père et d'une mère, dont elle doit bientôt se séparer pour toujours. A cet écho, elle répond par ses propres gémissemens et ses personnelles douleurs.. Mais Dieu est pour elle, plus qu'un père et qu'une mère... Dieu l'appelle au sacrifice, elle se sacrifiera généreusement.

2°. *Dieu le veut, qu'à tout prix sa volonté soit faite !* C'est le cri des âmes fortes et dociles à leur vocation. Ce fut celui de Procule. « A « d'autres donc le palais des comtes de Rodez, « se dit- elle ; à moi la cellule du désert !

« A d'autres l'éclat d'une riche position, à moi
« l'obscurité et l'indigence de Jésus, mon époux!
« D'ailleurs, le sacrifice est-il si grand! Mon
« Dieu, n'a-t-il pas promis *le centuple en ce mon-*
« *de et la vie éternelle en l'autre à celui qui*
« pour lui plaire, *quittera son père, sa mère et*
« *toute sa famille.* »

Fortifiée par ces nobles et saintes pensées,
Procule ne devait plus regarder en arrière ;
aussi, sa résolution est-elle invariable? Puisque
Dieu l'appelle, elle répondra à sa voix : elle ira
au désert; elle y mourra à elle-même, elle s'y
ensevélira avec Jésus-Christ. Heureuse mort,
glorieuse sépulture, que celle qui ne nous sépare des biens terrestres que pour nous faire
ressusciter dans la possession des biens éter-
nels !

Bien des obstacles, sans doute, allaient s'op-
poser à sa vocation; mais quand Dieu parle, il
ne faut plus compter avec les obstacles. Comme
les saints, il faut repondre de suite : *Me voici,*
Seigneur, que voulez vous que je fasse? et le
Seigneur couronne notre docilité, en renversant lui-même les barrières qui semblent s'op-
poser à sa volonté sainte.

3º. Comme sainte Procule, avons-nous sé-
rieusement médité devant Dieu sur notre véritable vocation? avons-nous pris les moyens que

la religion et les saints nous indiquent pour la reconnaître?

Avons-nous prêté l'oreille, à la voix de Dieu, qui nous parle dans le silence de la piété et du recueillement. La gloire de Dieu et le salut de notre âme ont-ils été les principaux motifs de notre choix, lorsque nous nous sommes décidés à préférer un état à un autre?

N'est-ce point au contraire dans des vues purement humaines, que nous sommes restés dans le monde ou que nous l'avons quitté? Quand nous avons été sur le point de prendre un parti quelconque, avons-nous prié Dieu de nous faire connaître sa volonté? et pour la connaître plus sûrement, avons-nous consulté un pieux et prudent directeur?

Oh! que souvent, un sage conseil nous aurait été utile, pour nous empêcher une fausse démarche, et nous épargner bien des afflictions et, par fois, bien des remords!

Prière.

Puisqu'il est si important de connaître et de suivre sa vocation, Seigneur, faites-nous connaître la nôtre? et quand nous l'aurons connue, venez encore au secours de notre faiblesse. Bien des difficultés peuvent surgir dans notre volonté, un plus grand nombre encore dans notre famille. Renversez vous-même toutes ces difficultés, Que votre voix qui nous appelle, triomphe de tous les obstacles et qu'un jour vienne où nous puissions dire : *C'est là le sacrifice que Dieu me demande; c'est là le poste qu'il me confie, c'est là la vocation qu'il me donne.* Puissions-nous être fidèles toujours à cette vocation sur la terre, pour mériter plus tard la vocation des justes et des saints dans le Ciel. Ainsi, soit-il.

Sainte Procule, qui avez sacrifié votre vie pour sauver votre innocence, priez pour nous, qui avons recours à vous ! Ainsi soit-it !

Résolution.

Etudier sa vocation et la suivre avec courage.

MÉDITATION POUR LE VIIe JOUR.

Fuite de sainte Procule.

Dieu appelait Procule à une vocation extraordinaire. Pour la suivre il fallait, d'une part, renoncer aux affections les plus chères, aux honneurs les plus grands, aux biens les mieux assurés.

D'autre part, le comte de Rodez, pour fixer auprès de lui sa fille et unique bien-aimée, songe à des projets d'alliance avec une illustre famille. Il veut, à tout prix, obtenir son consentement. Les prières, les larmes, et parfois les menaces, sont les armes qu'il emploie tour à tour dans ce duel entre l'autorité paternelle et la résistance filiale.

Quel combat dans le cœur de Procule! Dieu d'un côté, et son père de l'autre, qui la réclament également, mais dans des vues bien différentes! Auquel des deux cédera-t-elle les armes? Il y a tant d'éloquence et d'énergie dans la voix d'un père suppliant! Jusque dans la résignation d'une mère profondément affligée, il y a tant de traits qui vont au cœur jeune et sensible d'un enfant, que pour une vertu, même supérieure, c'est un prétexte à l'hésitation; mais de l'hésitation à la faiblesse il n'y avait qu'un pas... Procule le sentit.

Elle se rappela que les grandes tentations exigent les grandes résistances, et que surtout, il est des ennemis qu'il ne faut pas attaquer de front, et que l'on ne peut vaincre que par la fuite.

Elle fuira donc cette jeune et timide vierge... La voilà en effet, qui les quitte pour ne plus les revoir, ces parents qu'elle vénère et qu'elle chérit !

Ah ! que ce sacrifice dût coûter cher à son cœur, mais elle avait consacré à Dieu sa virginité; et il n'y avait que la fuite qui pût la mettre à l'abri de toute atteinte.

Est-ce ainsi que nous nous revêtons de force

et de courage, quand vient pour nous l'heure des grands combats? Ah ! n'oublions jamais que pour les dangers qui s'attaquent à la sensibilité de notre cœur, il faut les fuir et les fuir promptement; vouloir les braver, c'est courir à une chûte certaine.

2° Procule fugitive a déjà perdu de vue dans sa course précipitée, et la cité qui lui a donné le jour et le palais où sa présence faisait tant d'heureux et où sa fuite a rassemblé tant de deuil.

Seule et sans ressource au milieu des rochers et des forêts qu'elle parcourt, que va-t-elle devenir? Sur quelle terre fixera-t-elle son séjour? Quelle solitude sera assez profonde et assez sûre pour abriter sa vertu? Procule l'ignore, mais elle se confie à la providence qui donne au lys sa blancheur, à l'oiseau sa nourriture, et aux petits des oiseaux un nid de mousse pour retraite.

Son bon ange la guidera donc pendant sa course rapide et incertaine, et Dieu manifestera pour nous sa bonté et sa gloire, en la faisant aborder sur nos terres.

Là, entre deux montagnes, couvertes alors d'arbres séculaires, se trouve une gorge profonde servant de lit et de barrière à un cours d'eau qui, souvent de ruisseau calme et limpide, devient torrent impétueux et terrible.

C'est dans ce lieu solitaire que Procule s'arrête. Tout autre que cette âme héroïque se fût effrayée de l'aspect sauvage et de la pauvreté de ce désert.

Mais l'humble épouse de Jésus-Christ se rappelle le désert où fut conduit autrefois son divin époux ; d'ailleurs, que lui manquera-t-il ? N'aura-t-elle pas pour nourriture quelques herbes amères, pour boisson l'eau du torrent, et pour lit de repos la pierre et la mousse des rochers ?

En faut-il davantage pour celle qui a quitté tous les biens, afin de suivre Jésus-Christ pauvre et crucifié.

3° Que la fuite de sainte Procule nous serve de leçon ! Comme elle, plus d'une fois, nous avons été prompts à concevoir de bonnes résolutions. Mais à côté de la promptitude de notre esprit pour le bien, s'est rencontrée soudain la faiblesse de notre nature pour le mal.

Aussi nous a-t-on vus, quand la grâce nous pressait davantage, secouer avec bonheur le joug de nos passions et nous consacrer sans reserve au service de Dieu et aux devoirs de notre vocation. Mais comme sainte Procule, avons-nous poursuivi notre course loin du monde et de ses dangers ? A peine entrés dans la carrière, n'avons-nous pas eu l'imprudence de regarder en arrière, pour voir soit avec complaisance, soit peut-être avec regret, le chemin déjà parcouru dans notre voie nouvelle?

Retirés dabord avec bonheur des occasions dangereuses, ne nous sommes-nous pas bientôt attristés du vide et du désert qui s'étaient faits autour de nous? Comment, si jeunes encore rester éloignés du monde, de ses fêtes et de ses plaisirs? Mais c'est un sacrifice qui n'est point de notre âge!..., puis, à ce premier réveil de la tentation, le démon est venu, dirigeant contre nous tous les traits de ses séductions et de sa noire malice. Chassé de notre âme, il a voulu y rentrer.

De là ces tentations terribles, ces dégouts, ces ennuis, ces scrupules même, qui nous effraient, nous troublent, nous découragent, et souvent nous ramènent pour notre malheur dans la voie coupable que nous avions quittée. Alors, dit l'Esprit-Saint, le dernier état de notre âme devient pire que le premier. Infidèles à la grâce, nous ne donnons au monde et à la religion, qu'un spectacle d'inconstance et de rechûte qui afflige également le ciel et la terre.

Prière.

Seigneur, accordez-nous la grâce de connaître les dangers qui nous entourent et la force de les éviter à l'avenir. Comme sainte Procule, nous voulons fuir le monde et ses perfides amorces.

Comme elle, nous voulons désormais cacher notre vertu dans la retraite et le recueillement ; nous voulons enfin tout quitter, pour aller à vous. Car à qui irions-nous, Seigneur, si nous nous éloignions de vous ? *Seul, vous avez les paroles de la vie éternelle.* Ainsi soit-il.

Sainte Procule, qui avez sacrifié votre vie pour sauver votre innocence, priez pour nous qui avons recours à vous. Ainsi soit-il.

Résolution.

Résister de suite à la tentation, et se rappeler souvent cette parole : « *Que sert à l'homme de gagner l'univers, s'il perd son âme ?*

MÉDITATION POUR LE VIIIᵉ JOUR.

Désert de sainte Procule.

Quand le Seigneur veut parler à une âme, et l'élever à une haute vertu, il la sépare de toute affection terrestre, lui fait rechercher la solitude et le calme et souvent même l'attire dans l'isolement du désert. Témoin cette nuée d'anachorètes qui, dans les premiers siècles de l'Eglise, quittaient le monde pour aller étonner le désert par l'austérité de leur vie et la sublimité de leurs vertus. Témoin Marie Egyptienne qui passe le Jourdain, qui arrose le désert de ses larmes et qui, pendant une longue vie de pénitence, inscrit sa sainteté sur le sable de la plage qu'elle habite, en même temps que Dieu l'inscrivait dans le livre de l'éternité.

Témoin enfin, sainte Procule que le Seigneur appelle et conduit au désert d'une manière si admirable et si touchante.

La voilà donc cette jeune étrangère, loin, bien loin de sa patrie et de sa famille désolée. Autour d'elle, tout est inconnu, morne et silencieux.

De hautes montagnes, des forêts sombres, des ravins profonds, quelques pâtres qui gardent leurs troupeaux sur le flanc des rochers, ou à l'ombre des bois, telle est sa demeure, tel est son entourage.....

Mais Dieu sait donner des charmes à la solitude pour ceux qu'il y conduit, il sait faire reverdir le désert sous les pas de ceux qui viennent l'habiter pour son amour. Seule avec Dieu seul, Procule se trouve heureuse. Elle lit avec bonheur, l'immensité du créateur, dans la voûte immense du ciel qui la couvre, sa puissance dans les œuvres gigantesques de la création qui l'entourent et la protègent, son amour divin dans les soins que la providence donne aux plus petits, comme aux plus grands des êtres créés.

Aux pieds de la croix de bois, dont elle a orné sa demeure, et dont, surtout, elle fait son armure et le jour et la nuit, Procule multiplie avec délices, ses veilles et ses prières. Elle apprend par ses exemples, à ceux qui ne le savent pas, ce que l'on peut et ce que l'on doit faire au désert. Elle y prie pour ceux qui ne prient pas dans le monde. Elle y offre à Dieu avec ses propres gémissements, les larmes du pauvre, de la veuve et de l'orphelin ; elle y prie encore pour son père et sa mère désolés ; elle y prie enfin pour la nouvelle terre qui lui donne l'hospitalité et pour ceux qui l'habiteront dans l'avenir.

Oh ! qu'heureuse est l'âme qui, dans le silence de la solitude, a pu, comme Procule, entrevoir quelque chose de la beauté de Dieu, de sa bonté et de sa miséricorde ! C'est l'avant-goût des saintes joies dont sa divine présence inonde ses élus dans le ciel.

2° Le pieux pèlerin, qui, de nos jours, vient visiter le désert de sainte Procule, ne peut se défendre d'une émotion profonde et d'un religieux saisissement, lorsqu'il aperçoit et l'oraoire, édifié sur le roc, par la pitié des fidèles, à la place où plus d'une fois Procule a prié elle-même, et la croix, élevée en son honneur sur le rocher qui lui servit de rempart et d'asile, et la pierre sur laquelle elle se reposait sous l'œil de Dieu, comme l'enfant dans son *berceau*, sous 'œil de sa mère, et l'empreinte de ses pieds que l'on vénère encore, au lieu saintement appelé les *neuf pas*.

Le silence, la prière et la croix semblent alors s'offrir à lui, comme la triple armure destinée à protéger le chrétien voyageur ici-bas.

Aussi quel est celui qui, foulant cette terre bénite par la présence et les prières de Procule, ne sent tout-à-coup sa foi se ranimer, son cœur s'attendrir et sa volonté devenir meilleure?

Ne nous étonnons donc plus du respect que l'on porte au *désert* de sainte Procule ; C'est là que fleurirent ses vertus, et c'est là aussi que l'on va recueillir les fruits de sa puissance auprès de Dieu. Car c'est une terre sainte et sacrée, c'est la terre des miracles. Sans en demander la preuve aux rochers eux-mêmes qui s'amollirent merveilleusement sous ses pieds et sous ses mains, interrogez les habitants de la cité que protège cette illustre vierge, et ils vous diront que par elle ils ont obtenu tour à tour la guérison de l'infirme, le retour de l'émigrant, la victoire et le salut du guerrier.

Interrogez encore l'étranger que la confiance en sainte Procule amène chaque jour à son ermitage, et il vous dira que la fleur et la plante saintement cueillie aux pieds de la croix du désert, que la relique pieusement enlevée à la porte de l'oratoire, ont été pour lui une protection puissante, soit dans les hasards d'une course lointaine, soit dans les chances d'une entreprise difficile.

C'est ainsi que, selon sa parole, Dieu est admirable dans ses saints et qu'il perpétue la mémoire de leurs vertus, en multipliant pour nous les bienfaits de leurs miracles.

Oh! pourquoi ne sommes-nous pas tous des saints en ce monde, pour être du nombre des bienheureux *en l'autre*.

3º Nous ne sommes pas tous destinés à passer notre vie au désert; mais nous sommes tous appelés à faire au fond de notre cœur, une solitude et une retraite pour y trouver Dieu, lui parler et entendre sa voix. Car, ne l'oublions pas : quoique nous soyons dans le monde, *nous ne devons pas être du monde, ni aimer les choses du monde.* Quand donc notre piété nous porte à visiter le désert de sainte Procule, quand nous allons prier dans sa chapelle ou aux pieds de sa croix, ne nous contentons pas de l'admirer dans l'héroïsme de ses vertus; mais, à son exemple, chassons le monde de notre cœur. Le monde est plongé tout entier dans le mal; son esprit est contraire à l'esprit de Dieu. Eloignons-nous à la hâte de cet esprit mauvais qui, sur la mer que nous avons à traverser en cette vie, ne peut souffler sur nous que des orages, des tempêtes et des naufrages. Invoquons l'esprit de Dieu, et prions-le de nous pousser doucement au port, en poussant nos âmes vers cette vie calme, silencieuse et recueillie qui est le désert

moral, où chacun doit abriter et nourrir sa foi,
ses mœurs et sa piété.

Prière.

Seigneur, c'est dans le désert, que Jésus-
Christ, votre divin fils humilia et vainquit autrefois le démon.

Que ce soit aussi dans ce désert où sainte
Procule triompha si glorieusement, que nous
allions nous inspirer et nous préparer au combat et à la victoire contre l'ennemi de notre salut !

Que pour nous ce désert soit toujours un lieu
de sureté, une école de prière, d'innocence et
de vertu ! Que la voix de sainte Procule y parle
toujours à nos cœurs, pour nous porter au bien ;
qu'elle y parle, surtout, au vôtre, ô mon Dieu !
pour attirer toujours sur nous vos grâces et vos
bénédictions ; Ainsi soit-il !

Sainte Procule qui avez sacrifié votre vie
pour sauver votre innocence, priez pour nous
qui avons recours à vous ! Ainsi soit-il !

Résolution.

Quand nous avons des grâces particulières à
obtenir, faire de pieux pélérinages au désert de
sainte Procule.

MÉDITATION POUR LE IX JOUR.

Martyre de sainte Procule.

1° Voici l'heure du sacrifice et du triomphe, Procule entend avec mépris les menaces de son persécuteur, et voit sans crainte le glaive homicide qui brille dans sa main.... « Ne crains « point, lui répète une voix intérieure, ne crains « point cet insensé qui peut bien ôter la vie à « ton corps, mais qui est impuissant contre ton « âme. Epouse de Jésus, comme lui, incline la « tête, et monte au ciel où t'appelle son amour. »

A cette voix divine, Procule se prosterne, douce et résignée, comme l'agneau du divin sacrifice. Elle n'a que le tems d'exhaler son dernier soupir avec ces dernières paroles : « *Mon* « *Dieu, pour vous j'ai vécu, pour vous je meurs.* « *Que votre volonté soit faite !* » Et sa tête tombe et roule aux pieds de son bourreau.....

Mais si tout est consommé pour le sacrifice, tout ne l'est pas pour le triomphe. Le Dieu qui donne et reprend la vie au gré de sa puissance et de sa sagesse, suspend, de quelques heures, l'Ascension au ciel de l'âme si sainte de la Vierge-Martyre. Par un prodige tout particulier, l'esprit de vie ne s'est point retiré de Procule. Elle recueille dans ses mains sa tête radieuse, se dresse avec majesté et marche solennellement vers l'église de Sainte-Croix.

A la vue de ce prodige, Géraud saisi de repentir et de frayeur, comme le centurion et les soldats du Calvaire, se frappe la poitrine, fait amende honorable à Procule, et lui demande sa médiation auprès de Dieu. La sainte prie en effet, pour cet infortuné, et bientôt lui a obtenu la grâce de vivre en pénitent et de mourir en saint.

Tandis que le meurtrier admire et se convertit, quelques esprits faibles et égarés, *véritables esprits forts de l'époque*, s'attachent au pas de Procule, et poursuivent de leurs clameurs et de leurs insultes jusqu'à l'église, celle qui ne sait que pardonner et bénir. Mais Dieu ne tarde pas à maudire lui-même ces bouches de malédiction, et à frapper ces cœurs lâches et impies. Car il ne veut pas que *l'on touche et que l'on insulte à ses saints.*

Cependant, Procule était arrivée à l'Église, précisément à l'heure de l'auguste sacrifice, afin sans doute, qu'elle pût une dernière fois, unir son dernier sacrifice au sacrifice de son divin époux. Après la célébration des saints mystères, le prêtre Paul s'émeut du spectacle divin qui le frappe. Procule lui demande les honneurs de la sépulture, laisse échapper sa tête de ses mains et s'affaisse sur elle-même. C'est alors séulement, que tout est consommé, et que du pied de l'autel, sa belle âme s'envole jusqu'aux pieds du trône de Dieu.

2° Enfants adoptifs de sainte Procule, profitons des exemples et des graves leçons que nous donne cette admirable martyre. Ecoutons la voix de son sang généreux qui nous crie de rester fermes dans la foi, de combattre avec courage et de persévérer jusqu'à la fin.... Ecoutons la voix de ce sang virginal et glorieux qui crie de la terre au ciel, non point comme celui d'Abel, pour demander vengeance, mais comme celui de Jésus, pour demander grâce et miséricorde. Oui, grâce pour Géraud, le meurtrier ! Oui, grâce et miséricorde pour tant de pécheurs, meurtriers de leurs propres âmes, et contempteurs de Jésus-Christ et de sa divine loi !

A ce cri sublime de pardon qui s'échappe, n'en doutons pas, de la voix et du sang de Procule, le ciel tout entier dut tressaillir d'admiration et de joie. Oui, les anges qui avaient salué avec bonheur le berceau de Procule, s'inclinèrent avec respect sur son tombeau. Et ce tombeau était doublement glorieux à leurs yeux, et parcequ'il renfermait un corps virginal et pur dont l'Esprit-Saint avait toujours fait sa demeure, et parceque il devait faire remonter jusqu'à Dieu les honneurs et la gloire dont il serait désormais entouré sur la terre. Heureux donc ceux qui meurent dans le seigneur ! Mais plus heureux encore ceux, sur le tombeau des quels on peut déposer la double couronne de l'innocence et du martyre ! C'est à eux qu'est réservé l'honneur de suivre l'agneau sans tâche, *partout où il ira recueillir le triomphe la gloire et la bénédiction.*

3° L'âme de sainte Procule, semblable à la chaste colombe, avait pris son essor vers le ciel. Un trône, riche de gloire l'y attendait au milieu des phalanges célestes. A son entrée dans la cité sainte, le lys de la pureté et la pourpre du martyre rayonnaient en elle, et formaient une parure digne de fixer les regards de son divin époux.

Aussi avec quel bonheur, ne dût-il pas accourir au devant de sa fidèle épouse ? Avec quel transport sainte Procule ne dût-elle pas, à son tour s'élancer dans le sein de son Dieu, et chanter, avec les anges et les saints, l'hymne éternel de la reconnaissance et de l'amour. Oh ! c'est alors qu'elle comprend que sur la terre, elle a choisi la meilleure part, en prenant pour partage la pauvreté, le calice et la croix de Jésus.... En retour de ses sacrifices passés, Dieu devient lui-même, en ce moment, *son héritage et sa récompense.* Non, désormais pour elle, plus de douleurs, plus de craintes, plus de larmes : Mais toujours, une joie pure et ineffable, toujours un poids immense de gloire, toujours un bonheur et un règne qui ne finiront jamais ; voilà le prix de son innocence, de sa fuite et de son généreux martyre. Ah ! pourquoi en présence du tombeau de sainte Procule, ne nous rappelons-nous pas que nous n'avons point ici-bas de demeure permanente, pourquoi ne pas nous souvenir que la vie présente est comme le torrent qui passe et nous entraine ; que les joies et les plaisirs de ce monde sont une ombre éphémère, qui glisse insaisissable devant nous, à mesure que nous croyons pouvoir l'atteindre ? Pourquoi, toujours ramper sur la terre, quand Dieu appelle nos regards et nos cœurs vers le ciel ? Enfin, pourquoi ne pas vivre avec la palme de l'innocence ou du repentir, si nous voulons à notre heure dernière recevoir la couronne de l'immortalité ?

Prière.

Nous vous bénissons mille fois, Seigneur, d'avoir appelé sainte Procule à une si grande vertu sur la terre et à une si grande gloire dans le ciel. Sans doute, nous n'aurons point ici-bas le bonheur de semer et de recueillir dans notre sang répandu pour vous, l'auréole céleste qui orne à jamaïs le front de vos martyrs ; mais, ô mon Dieu ! il est de nos jours d'autres combats qui, sans être sanglants, n'en ont pas moins droit au triomphe. Ces combats, ce sont ceux qu'avec le secours de votre grâce, nous voulons livrer à notre orgueil, à nos penchants mauvais, au monde et au démon.

Soutenez-nous, Seigneur, dans cette lutte de chaque jour, et faites que, par l'intercession de notre grande et sainte patronne, chacun de nos jours soit marqué par une nouvelle victoire, jusqu'à ce que l'heure de la mort sonne pour nous comme pour sainte Procule, l'heure de l'éternel triomphe. Ainsi soit-il.

Sainte Procule, qui avez sacrifié votre vie pour sauver votre innocence, priez pour nous qui avons recours à vous. Ainsi soit-il.

RÉSOLUTION.

Respecter toujours la religion et ceux qui la pratiquent. — Aimer mieux mourir que de commettre un péché mortel.

Vivent Jésus, Marie, Joseph. Ainsi soit-il.

LITANIES

DE

SAINTE PROCULE.

SEIGNEUR, ayez pitié de nous.

Jésus-Christ, ayez pitié de nous.

Jésus-Christ, écoutez-nous.

Jésus-Christ, exaucez-nous.

Dieu, le Père des cieux, ayez pitié de nous.

Fils, Rédempteur du monde, ayez pitié de nous.

Esprit-Saint, qui êtes Dieu, faites-nous miséricorde.

Trinité sainte, qui êtes Dieu, faites-nous miséricorde.

Sainte Marie, priez pour nous.

Sainte Procule, priez pour nous.

Vierge illustre, priez pour nous.

Vierge aimable, priez pour nous.

Vierge obéissante, priez pour nous.

Vierge pleine de foi et de charité, priez pour nous.

Vous qui avez été docile dès votre enfance aux inspirations de Dieu, priez pour nous.

Vous qui avez été un modèle de mortification et de patience, priez pour nous.

Vierge très-humble, priez pour nous.

Vierge admirable par votre pureté, priez pour nous.

Procule, qui avez aimé la retraite, priez pour nous.

Procule, qui avez trouvé votre salut dans la fuite, priez pour nous.

Procule, qui avez traversé des déserts inaccessibles, priez pour nous.

Procule, qui avez mené une vie solitaire, priez pour nous.

Procule, qui avez été frappée par le glaive, priez pour nous.

Procule, glorieuse par votre martyre, priez pour nous.

Procule, consolatrice des affligés, priez pour nous.

Procule, secours des faibles, priez pour nous.

Procule, puissante auprès de Dieu, priez pour nous.

Procule, modèle de la jeunesse, priez pour nous.

Procule, gloire de notre pays, priez pour nous.

Procule, espérance de notre ville, priez pour nous.

Sainte Procule, épouse de Jésus-Christ, priez pour nous.

Agneau de Dieu, qui effacez les péchés du monde, pardonnez-nous, Seigneur.

Agneau de Dieu, qui effacez les péchés du monde, exaucez-nous, Seigneur.

Agneau de Dieu, qui effacez les péchés du monde, faites-nous miséricorde.

Priez pour nous, sainte Procule, vierge et martyre,

Afin que nous soyions rendus dignes des promesses de Notre-Seigneur Jésus-Christ.

ORAISON.

O Dieu tout-puissant! qui avez inspiré à votre glorieuse vierge et martyre, sainte Procule, d'abandonner la maison de son père pour obéir à vos commandements, qui lui avez donné le courage et la force de souffrir le martyre pour conserver intact le trésor de son innocence, accordez-nous, par son intercession, la grâce de mépriser comme elle le monde et ses plaisirs, et de vous rester fidèles en cette vie pour vous posséder en l'autre; par Notre-Seigneur Jésus-Christ. Ainsi soit-il.

CANTIQUES

EN L'HONNEUR

DE

SAINTE PROCULE.

Air : *Goûtez, âmes ferventes.*

I.

Le ciel a des couronnes
Pour toutes les vertus ;
Dieu même sur des trônes
Elève ses élus.

Refrain : O pieuse jeunesse !
De Procule, en ce jour,
Célébrons la sagesse,
Le triomphe et l'amour.

II.

Aux ordres d'une mère,
Comme Jésus enfant,
Toujours aimait à plaire
Son cœur obéissant.
O pieuse...

III.

Sur sa lèvre si pure,
Jamais le serviteur
A-t-il surpris l'injure,
La menace ou l'aigreur?
O pieuse...

IV.

La sainte Basilique
L'entendit mille fois
Exhaler un cantique
Aux pieds du Roi des rois.
O pieuse...

V.

Vieillards dans l'indigence
Suspendez vos regrets :
Pour la moindre souffrance
Procule a des bienfaits.
O pieuse...

VI.

De la Vierge martyre,
Chère à notre cité,
Oh! qui pourrait redire
L'éclat, la sainteté?
O pieuse jeunesse,
De Procule, en ce jour,
Célébrons la sagesse,
Le triomphe et l'amour.

AUTRE CANTIQUE.

Air : *Bénissons à jamais...*

Refrain : De Procule à jamais,
Louons l'amour et les bienfaits.

I.

En l'accueillant, saints anges,
Dans la sainte cité,
Redites sa bonté
Aux célestes phalanges.　　　　(bis.)
De Procule à jamais...

II.

C'est une tendre mère,
Dont le cœur est pour nous
Un abri sûr et doux
Au jour de la misère.　　　　(bis.)
De Procule.. ,

III.

La beauté de son âme,
Comme un rayon divin,
Nous éclaire soudain,
Et d'amour nous enflamme.　　　　(bis.)
De Procule...

IV.

A sa voix maternelle,
Sans craindre le travail,
Rentrons vite au bercail
De la brebis fidèle.　　　　　(bis.)
　　De Procule...

V.

Qu'aux pieds du sanctuaire,
Dieu reçoive, en ce jour,
Par elle notre amonr
Et notre humble prière.　　　　　(bis.)
　　De Procule...

VI.

Pour garder sa mémoire
Comme un dépôt précieux,
Chantons tous, en ces lieux,
Son triomphe et sa gloire!　　　　　(bis.)
　　De Procule...

AUTRE CANTIQUE.

AIR : *O Saint Autel...*

Ier

Aimer, bénir cette vierge parfaite,
Que le Seigneur députa vers nos champs,
C'est en ce jour, un devoir, une fête :
Reçois, Procule, et nos vœux et nos chants.

II.

Allez, allez, compagnes malheureuses,
D'un monde vain suivez les errements ;
Ici toujours, nous redirons joyeuses :
Reçois, Procule, et nos vœux et nos chants.

III.

Oui, te bénir, pendant notre jeunesse,
Tels à jamais seront nos sentiments;
Nous te dirons aux jours de la vieillesse :
Reçois, Procule, et nos vœux et nos chants.

IV.

Sois notre sœur, ô modeste Procule,
Grave en nos cœurs tes traits les plus touchants ;
Oh ! quel bonheur d'être ainsi ton émule,
Reçois, Procule, et nos vœux et nos chants.

V.

Que ton nom saint se mêle à nos prières,
Vers Dieu plus doux monteront nos accents ;
Qu'en t'exaltant se ferment nos paupières,
Reçois, Procule, et nos vœux et nos chants.

VI.

Du haut des cieux, vierge pour nous si bonne,
Veille à jamais sur tes nombreux enfants :
Dieu t'a donnée à nous tous pour patronne,
Reçois, Procule, et nos vœux et nos chants.

AUTRE CANTIQUE.

Martyre de sainte Procule.

REFRAIN : A toi, Procule, honneur et gloire !
A toi notre hommage et nos chants !
Reçois en ce jour de victoire,
Et notre amour et notre encens.

I.

Que sont tous les charmes du monde
Pour un cœur épris de son Dieu ?
Procule, la grâce t'inonde,
Aux vains plaisirs tu dis adieu.
A toi...

II.

En vain Géraud dans son délire,
Voudrait t'arracher à tes vœux,
L'amour d'en haut soudain t'inspire,
O Vierge, un projet généreux.
A toi...

III.

Gannat, tes heureuses collines
Verront cet ange de bonté.

Tel qu'un lys au sein des épines
Abriter sa virginité.
    A toi...

IV.

Là, nuit et jour dans la prière,
S'écoulaient ses heureux instants :
Et seule, la pauvre étrangère,
Trouvait bonheur, amis, parents.
    A toi...

V.

Un antre fera ses délices,
Elle boira l'eau du torrent,
Des fruits, ravis aux précipices,
Seront son unique aliment.
    A toi...

VI.

Les petits oiseaux du bocage
Viendront l'égayer par leurs chants,
Et l'animal le plus sauvage
Sera sensible à ses accents.
    A toi...

VII.

Mais quelle épreuve désolante !
Géraud par son amour conduit

A de son inflexible amante
Enfin découvert le réduit.
   A toi...

VIII.

Pour captiver la vierge austère,
Il fera parler tour à tour,
Et la menace et la prière...
Mais à ses vœux on reste sourd.
   A toi...

IX.

Sa rage en vains soupirs s'exhale...
Le glaive du cruel amant
Frappe... et la tête virginale
A ses pieds roule au même instant.
   A toi...

X.

Procule, en ce moment suprême,
Se dresse, et son persécuteur
A son tour est vaincu lui-même...
Un amour pur règne en son cœur.
   A toi...

XI.

Monte au ciel, ô douce héroïne,
Des martyrs l'essaim glorieux

Vient t'offrir la palme divine,
Réservée aux cœurs généreux
A toi...

AUTRE CANTIQUE.

Triomphe de sainte Procule.

REFRAIN : Pourquoi ces accents de victoire?
Pourquoi ces sons mélodieux?
De Procule on redit la gloire,
Et sur la terre et dans les cieux.

I.

Chantez, ô célestes phalanges,
Entonnez des accents nouveaux :
Procule a droit à vos louanges;
Chantez des airs encor plus beaux !
Pourquoi...

II.

Faible, mais courageuse athlète,
Procule a triomphé du mal,
Et le bien aimé sur sa tête
A mis le bandeau triomphal.
Pourquoi.

III.

Pour conserver son âme pure,
Elle a fui parmi nos déserts,
Et préféré la vie obscure
A tout l'éclat de l'univers.
    Pourquoi...

IV.

Oh! de cette jeune héroïne,
Comment imiter les vertus?
Et ne pas redouter l'épine
Qui s'attache au pas des élus?
    Pourquoi....

V.

Toi dont le puissant patronage
S'étend sur toute la cité,
Donne à tes enfants ce courage
Qui t'a valu l'éternité.
    Pourquoi...

VI.

Apprends-nous à vaincre le monde,
A briser son joug criminel,
Et qu'un jour dans nos cœurs abonde
La paix, la douce paix du ciel.
    Pourquoi...

Imprimé chez Auguste Veysset, libraire, à Clermont